Dépôt légal : mars 2012
ISBN : 978-2-8153-0203-6

www.rustica.fr
www.fleuruseditions.com

Jardiner en prenant soin de son dos

Robert Elger

Illustrations : Iwona Seris

rustica éditions

Sommaire

Avant-propos

Au jardin, le « plaisir de forcer la nature » a fait long feu. Autant le dire tout de suite, « se faire comme maître et possesseur de la nature » – Descartes *dixit* –, c'est très risqué pour votre dos ! Du semis à la floraison et à la récolte, le jeu consiste à définir un terrain d'entente avec cette fameuse « nature » plutôt que de passer son temps à la combattre.

Certaines options de départ sont génératrices d'un fort surcroît de travail. Dans un premier temps, faites en sorte que le jardin que vous projetez soit en phase avec vos possibilités en termes d'énergie physique et de temps disponible.

Sa surface, d'abord. Que celle-ci soit à votre taille : gigantesque si vous êtes un géant, grand comme un petit pois si vous êtes une princesse ! Et notez qu'au-delà de 8 à 10 ares, prendre soin d'un jardin relève presque de la mini-entreprise.

S'occuper d'un massif de fleurs est bien plus sollicitant en travail et en disponibilité que d'entretenir un gazon. Les plantes annuelles et bisannuelles sont repiquées tous les ans et requièrent un travail du sol régulier ainsi que des fumures suivies. Les vivaces se maintiennent en place de longues années, mais demandent beaucoup d'entretien : désherbage, nettoyage et renouvellement.

Produire ses légumes est plus contraignant que d'entretenir un verger. S'occuper d'un potager est certes une aventure de longue haleine, mais émaillée de petits travaux : semis, repiquage, arrosage et récolte.

Un verger, quant à lui, ne vous demande que l'effort de planter les arbres et de croquer les fruits. Attention cependant aux acrobaties que nécessitent les arbres fruitiers parvenus à leur développement maximal lors des tailles et de la cueillette.

Enfin, certaines plantes cultivées sont plus solides que d'autres. Optez pour des végétaux dotés de ce que le paysagiste Karl Foerster nommait déjà, dans les années 1930, des critères « d'honorabilité végétale » : des plantes décoratives ou goûteuses certes, mais également durables, pérennes, non envahissantes, rustiques dans les conditions climatiques locales, et plutôt résistantes aux insectes et aux maladies.

CHAPITRE 1

Les manipulations au jardin

Haro sur le lumbago !

Les muscles constituent la structure la plus résistante de notre organisme, celle sur laquelle nous pouvons compter lors de tous nos efforts physiques. Grâce à eux, bras et jambes se métamorphosent en puissants leviers. Le dos, au niveau des vertèbres lombaires surtout, est notre point névralgique. Ces vertèbres sont d'autant plus sollicitées que le creux des reins correspond au pivot autour duquel s'articule la totalité de nos mouvements.

La bonne position

Curieusement, les enfants trouvent spontanément la gestuelle la plus appropriée. Regardez-les se baisser pour ramasser un objet tombé à terre. Jamais ils ne courbent le dos, préférant s'accroupir. C'est-à-dire faire travailler les jambes et non les reins.

Travail physique : les règles d'or

Faites porter tous les efforts sur votre agencement musculaire, et épargnez autant que possible votre ossature vertébrale.
En particulier, n'exercez pas de pressions exagérées sur les disques intervertébraux.
Travaillez debout, les jambes légèrement écartées, sans vous raidir excessivement.
Ne portez pas les charges lourdes à bout de bras et loin de l'axe du corps.
Pas de contorsions extrêmes, pas de gestes brusques, pas de mouvements violents.

Un bon terreau pèse son poids

Au jardin, il est difficile de se passer de terreaux ! Ils sont nécessaires pour garnir jardinières et balconnières, et indispensables comme substrats de semis et de repiquage.

Le commerce horticole vous les propose en sacs de 20, 40 ou 50 litres, parfois 70 litres. Leur poids varie alors d'environ 10 à 30 kg. Plus le volume est conséquent, moins le terreau est, en théorie, onéreux. Vous avez donc tout intérêt à vous rabattre sur les grands conditionnements. Lourds et encombrants, ces derniers sont particulièrement laborieux à manipuler.

La base de tous les terreaux est constituée de tourbe blonde et brune, parfois de fibres de coco présentées maintenant comme une alternative écologique aux premiers. Ces éléments plutôt légers donnent au terreau sa structure et sa cohésion, ainsi que sa capacité à retenir l'eau et à la restituer aux plantes.

C'est déjà pas mal, mais ce n'est pas tout. On peut même dire que plus la teneur relative de ses éléments de « remplissage » est importante, moins le terreau est de qualité et, indépendamment de toute politique commerciale, moins onéreux. Un bon terreau n'est donc pas un terreau léger. Ce qui, pour le moins, n'arrange pas nos affaires !

Les meilleurs substrats contiennent diverses matières végétales mélangées et décomposées, complétées de fumiers compostés (chevaux, moutons, bovins) qui font office de fertilisants naturels. Plus exceptionnellement sont ajoutés, pour leur effet structurant, de la terre végétale, quelquefois de l'argile, du sable et de la chaux. Tout cela pèse son poids ! Même si l'ajout de perlite, de pouzzolane ou de vermiculite permet aux fabricants de « tricher » un peu en gagnant du volume et en diminuant le poids, tout en maintenant une bonne aération.

Concrètement....

Pour manipuler ces sacs lourds et encombrants, mettez à contribution les muscles de vos bras et de vos jambes. À l'achat, certaines jardineries mettent à disposition des chariots spécifiques, car les caddies classiques conviennent mal au transport des terreaux. Faites glisser les sacs sur vos genoux, avant de les faire rouler sur

La manipulation des sacs de terreau.

Il est difficile de déplacer sans accessoire de manutention une plante en pot parvenue à son plein développement.

votre chariot, puis du chariot dans le coffre de votre voiture. Rien n'interdit de vous faire aider, sur le lieu d'achat même et jusque sur le parking pour charger les sacs dans votre véhicule. Arrivé chez vous, c'est une autre paire de manches ! Le mieux est de les sortir du coffre en les faisant rouler sur leur tranche et de les déposer directement dans une brouette. Il vous reste alors à les véhiculer sur leur lieu d'utilisation.

Pour manipuler les pots en terre cuite

Dès l'abord, sachez que certains matériaux de synthèse imitent la terre cuite (voire la pierre) à la perfection, mais sont bien plus légers. En vous rabattant sur eux, vous soulagerez d'autant votre dos.

Pour déplacer les pots en pierre ou en terre cuite, adoptez une gestuelle adaptée. Répartissez la charge en l'empoignant résolument à deux mains, et soulevez-la à bout de bras avant de la reposer sur vos cuisses. Genoux et giron forment alors un reposoir qui vous permet de poursuivre sereinement la manipulation.

Brouette et *garden track*

Pour manipuler des objets de poids, une gestuelle adaptée suffit. Jusqu'à un certain point du moins ! Mais pour

Le bon geste

Pour soulever au jardin un contenant lourd, enjambez le pot en mettant un genou à terre avant de le saisir fermement. Relevez-vous alors, jambes fléchies et dos à l'aplomb, mais sans vous crisper. Portez l'objet à bout de bras, en vous servant de votre ventre comme reposoir. Pour les sacs de terreau, votre épaule reste le meilleur soutien pour déplacer un sac pesant sur quelques mètres. Genou fléchi donc, mais dos droit, ainsi que des gestes amples et naturels. Ceci dit, la meilleure façon de faire reste encore de porter les charges trop lourdes... à deux.

Une ou deux roues ?

Étymologiquement, une brouette est un véhicule à deux roues. Mais en général, la brouette de jardin n'est possède qu'une. Plus exceptionnellement, certains modèles en détiennent deux : elles sont alors coaxiales. Peu pratiques au jardin, ces brouettes perdent en maniabilité ce qu'elles gagnent en stabilité. Dans la très grande majorité des cas, préférez donc la bonne vieille brouette à roue unique.

déplacer des charges lourdes sur une distance un peu importante, rien de mieux qu'une **brouette**. Celle-ci est inséparable du jardinier, et pour cause....

La brouette.

Magique, la brouette !

Ce petit tombereau à bras fonctionne à partir du principe du levier associé à un centre de gravité, qui se confond avec l'axe de la roue. Il lui confère une réelle efficacité, tout en soulageant l'utilisateur. Incontournable au jardin, c'est l'outil ergonomique par excellence pour le transport de matériaux lourds ou d'outils pesants sur tous les terrains, même accidentés.

Pour favoriser le confort de circulation, prévoyez des allées larges et à niveau. Pas d'escaliers évidemment ! Le cas échéant, utilisez des bastaings de maçon, voire des ***garden track***, qui sont des sortes de chemins de roulage amovibles. Il en existe divers modèles qui faciliteront vos déplacements, en particulier sur sol meuble.

Pensez au diable !

Notez qu'au jardin, occasionnellement - il est alors possible de le louer -, le diable peut aussi rendre de fiers services à vos lombaires.

Agenouillez-vous

Pour beaucoup de travaux s'effectuant à ras de terre, il est beaucoup plus commode de s'agenouiller

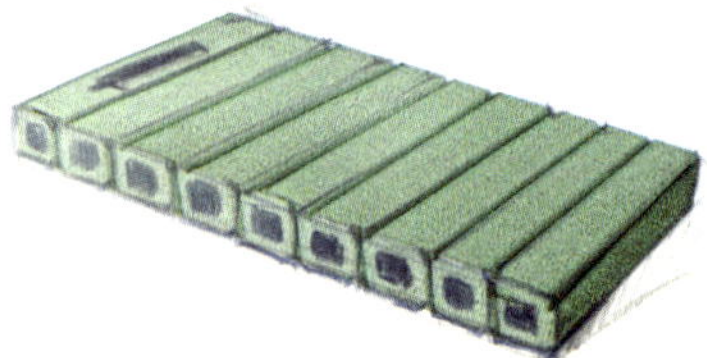

Travaillez le genou à terre sur un coussin.

Travaillez avec des coudières.

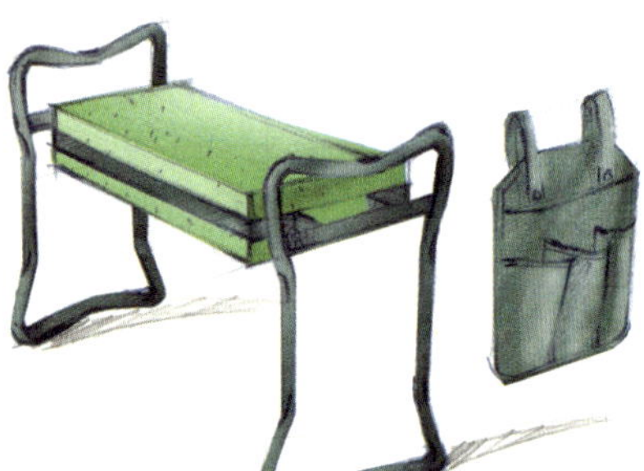

Le siège de jardin.

plutôt que de s'activer dans une position arquée, générant douleur et inconfort. Vous éviterez ainsi des pénibles élancements lombaires.

Coussins, genouillères et sièges de jardin

Au jardin, les occasions de mettre le genou à terre sont multiples. Pour éviter de s'écorcher les genoux, **un coussin de jardin** est le bienvenu. Il a l'aspect d'une courte planche d'environ 40 cm de long, de 20 cm de large et de 4 à 5 cm d'épaisseur. Les plus confortables sont fabriqués en mousse de haute densité. Ultralégers, ils n'absorbent pas l'humidité et permettent donc de travailler les genoux au sec.

Il en est de même pour **les genouillères**. Celles-ci se fixent à même le genou avec une lanière. Vous les choisirez solides, légères et à fixation rapide (scratchs).

Ergonomiques, **les sièges de jardin** sont très appréciés par les personnes ayant une certaine difficulté à se relever. Longs d'environ 60 cm, larges de 20 cm et hauts de 50 cm, ils sont souvent pliables, ce qui en facilite la manutention. Ils sont utilisables en deux positions, siège ou agenouilloir. Dans le second cas, en posant les deux mains sur les montants latéraux et en prenant appui sur les bras, l'effort nécessaire pour se relever est réduit d'autant.

Travaillez debout

Pour tous les gestes de jardinage, du semis au désherbage en passant par l'arrosage, la taille ou l'entretien du gazon, l'innovation dans l'outillage cherche à minimiser les sollicitations lombaires. Debout donc, les damnés de la terre !

Semez debout

Du semis au désherbage, de nombreux travaux, qui se faisaient traditionnellement dans une position arquée, peuvent aujourd'hui s'effectuer debout. Semer est une activité captivante et, à vrai dire, peu éprouvante physiquement. Elle relève souvent de la cerise sur le gâteau. Mais faire la pâte et la cuire, c'est-à-dire préparer le terrain avant le semis, est une autre paire de manches.

Pour un gazon, le semis se pratique en marchant, la graine contenue dans un sac, d'où la tire une main vorace pour, d'un geste ample – « auguste » – l'épandre sur le terrain convenablement apprêté. Mais les semis au potager, surtout quand celui-ci atteint une taille respectable, sont plus éprouvants physiquement.

Les semoirs à bras

Les semoirs à bras sont une alternative au semis manuel dans les grands potagers traditionnels cultivés en lignes. Plus ou moins élaborés selon les modèles, ils se composent d'un disque, qui fait office à la fois de réservoir pour la graine et de roue de distribution. Ils sont montés sur un ou deux bras pour travailler en position debout. Différents modèles de disques permettent de semer toutes les graines potagères, des plus grandes aux plus petites : maïs, pois, haricots, carottes, laitues, navets, oignons, épinards, chicorées, poirées,

Le semoir à bras.

poireaux, etc. En un passage unique, ils creusent le sillon, déposent la graine, recouvrent et tassent le semis. En pratiquant un semis « dans les règles de l'art » (écartement et profondeur), ils optimisent la quantité de graines utilisées et permettent ainsi un travail rapide, propre et totalement indolore.

Les cannes à désherber

Le désherbage manuel se fait souvent accroupi, dans une position bien inconfortable, dans les gazons en particulier – maudits pissenlits ! Sur quelques mètres carrés de pelouse, l'opération peut passer pour un jeu. À partir de quelques ares, il est préférable de s'équiper en conséquence.

Les cannes à désherber, également nommées « tire-racines », permettent d'extirper en profondeur les racines de pissenlits et de chardons.

Certains modèles se vissent dans la terre. D'autres sont munis de couteaux en U, qui sectionnent les racines avant de les extraire du sol. Prolongés d'un manche permettant de travailler debout, leur maniement est très simple.

Positionnez l'outil de façon à ce que la « mauvaise herbe » à extraire se trouve au centre du dispositif métallique d'extraction et enfoncez-le verticalement dans le sol. Selon les modèles, tournez à 180 °, dans un sens ou dans l'autre, ou faites un ou deux tours complets. Puis extrayez l'ensemble, outil et racine comprise. Un dispositif d'éjection permet d'évacuer l'herbe par une simple pression. En résumé, positionnez, enfoncez, tournez, tirez et éjectez.

La canne à désherber.

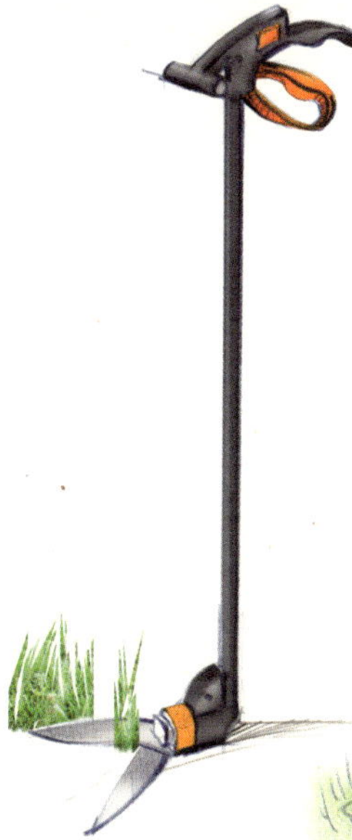

La cisaille à gazon montée sur manches.

Le coupe-bordure.

Les coupe-bordures et les cisailles à gazon

La coupe des bordures de gazon est suffisamment contraignante pour avoir suscité la création, par les fabricants, d'un impressionnant arsenal de matériel destiné à fignoler les travaux après la tonte sans se ruiner la santé.

Le marché propose divers modèles de **coupe-bordures électriques**, très légers et d'utilisation particulièrement aisée. Avec ces petites machines qui sont proposées à des prix très variables, la coupe de l'herbe se fait par rotation rapide d'un fil monté sur une bobine, fixée au bout d'une canne tenue à bout de bras.

L'antique **cisaille à gazon**, formée de deux lames, l'une fixe et l'autre mobile, se décline elle aussi en quelques modèles montés sur manches. La plupart du temps, ceux-ci sont mécaniques – le mouvement des lames est alors assuré par la pression répétée des phalanges sur une poignée mobile –, plus rarement alimentés par des batteries rechargeables. Leurs lames, généralement orientables, servent à couper l'herbe dans tous les recoins de la pelouse sans avoir à se contorsionner. Ces appareils sont d'un maniement facile et permettent de couper confortablement les dernières herbes folles que la tondeuse n'a pu atteindre.

Le coupe-branche ou sécateur-ébrancheur

Les rosiers buissons, polyanthas ou à grandes fleurs, se taillent en mars « à trois yeux », c'est-à-dire à environ 15 cm du sol. Autant dire à ras de terre ! Afin de tailler vos rosiers, il est alors commode de troquer votre sécateur pour un coupe-branche ou un sécateur-ébrancheur, qui est un sécateur à très longues poignées (jusqu'à 60 cm). Certains modèles sont munis de **bras télescopiques** permettant encore leur allongement d'environ 40 cm. Le confort d'utilisation en est augmenté

Le coupe-branche.

d'autant, puisqu'ils servent à tailler au plus bas sans avoir à se baisser et, par ailleurs, sans se piquer aux épines ! Ils sont proposés à coupe franche (la lame glisse sur la contre-lame) ou à enclume (la lame appuie sur la contre-lame). Préférez les premiers, qui vous permettront des coupes plus nettes.

Optez de préférence pour un **modèle en aluminium**, ultraléger et puissant. Un système à crémaillère permet parfois de diminuer l'effort appliqué au moment de la coupe. Les modèles les plus grands, à très longs bras, augmentent la puissance de coupe par le simple effet de la démultiplication par levier.

Passez à table...

Pour la multiplication de vos plantes et leur repiquage en pots ou en godets, le mieux est de travailler debout. Pour vos semis en terrines ou en plaques alvéolées, vos bouturages, voir vos greffages sur table le cas échéant, utilisez **une table de rempotage**. La meilleure est celle que l'on fabrique soi-même : vous lui donnerez alors la hauteur qui correspond à votre taille. Il faut pouvoir y travailler confortablement le dos droit, sans avoir à se pencher. Inutile de vous procurer un matériel très sophistiqué : une petite table de jardin dont on ne se sert plus fera très bien l'affaire – idéalement de 1,20 m de long, 60 cm de large et, selon votre taille, de 75 à 95 cm de haut. Si vous êtes d'un gabarit XXL, des planchettes de bois posées sous chaque pied vous permettront de la rehausser pour en faire un plan de travail confortable.

La table de rempotage.

Jardinez en hauteur

Sans aller jusqu'à parler des jardins verticaux et autres murs végétalisés qui relèvent d'une technicité particulière, cultiver ses fleurs en balconnières et en suspensions évite les tiraillements générés par les travaux en position penchée.

Jardinières et suspensions

Les premières trouvent leur place sur les rampes des balcons ou les rebords de fenêtres, avec ou sans support. Les secondes sont accrochées en hauteur par un crochet qui prolonge le pot proprement dit. C'est ainsi que sont cultivés les traditionnels géraniums retombants. Mais les horticulteurs proposent aujourd'hui une trentaine d'alternatives : des surfinias aux verveines retombantes et des diascias aux calibrachoas, toutes plus florifères les unes que les autres. De la suppression des inflorescences fanées à l'arrosage, toutes les activités d'entretien se pratiquent à hauteur d'homme.

L'arrosage des suspensions

Apporter de l'eau aux plantes situées en hauteur peut se révéler problématique pour votre dos. Il vous est bien sûr possible de décrocher les pots et de les poser à terre pour les arroser comme n'importe quelle autre plante. Mais vous pouvez également trouver dans le commerce **des cannes d'arrosage coudées**, dont l'embout en forme de crosse se pose sur le rebord et permet alors d'apporter aisément de l'eau à des suspensions placées jusqu'à 2 m et plus.

Le commerce horticole propose par ailleurs **des systèmes d'attaches**, placées entre la suspension et le crochet d'accroche proprement dit, qui s'enroulent et se déroulent par simple poussée sur le pot. L'ensemble, fleurs et contenant, est alors très facile à descendre à hauteur d'homme lors des diverses activités d'entretien, puis à remettre en place.

La canne d'arrosage coudée pour suspension.

CHAPITRE 2

Choisissez de bons outils

Des outils à votre taille

Observez un jardinier choisir une nouvelle bêche : c'est une affaire d'état ! Il la prend en main, la soupèse, observe la rectitude de son manche comme on vise avec un fusil, étudie la solidité de l'emmanchement. Il hésite : à pommeau rond ou à béquille ? À douille ou à férule ? En fait, toutes se valent. Mais le choix des outils conditionne, pour une bonne part, le plaisir de jardiner.

Les outils de base

La cabane à outils du jardinier abrite une bêche ou une fourche-bêche, une binette et un râteau, une serfouette éventuellement, un sécateur, un petit plantoir et un arrosoir de 6 à 13 litres. L'imagination que déploient les fabricants d'outillage pour vous faciliter le travail au jardin est prodigieuse, et les outils proposés aujourd'hui pour jardiner plus confortablement sont nombreux. Cependant, il est inutile de vous jeter sur le dernier gadget à la mode !

Les longueurs des manches d'outils du commerce diminuent - dynamique des prix oblige -, alors que la taille des jardiniers augmente sans cesse ! Essayez votre outil emmanché en

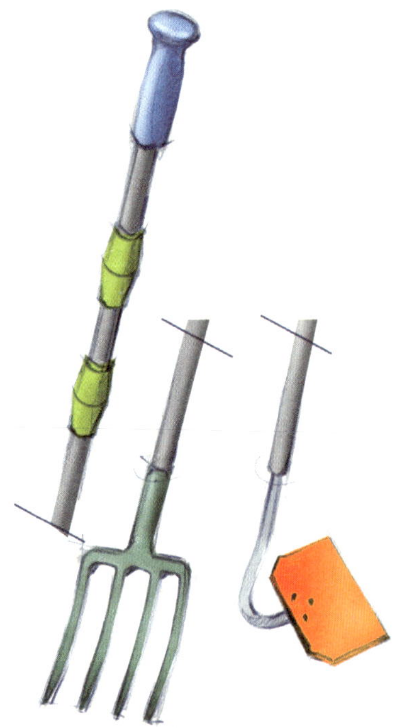

Des outils à manches télescopiques.

position avant de l'adopter définitivement : cela n'aurait pas beaucoup de sens d'acheter une bêche dont il faudrait déjà changer le manche d'origine pour un autre, plus long, avant même de vous en servir ! Un bon manche de fourche-bêche oscille, selon votre taille, entre 1 m au minimum et 1,20 m. Celui de la binette et de la serfouette entre 1,40 et 1,60 m, et doit vous permettre de travailler confortablement en position redressée. Le manche du râteau, quant à lui, dépasse allégrement les 1,80 m.

Certains fabricants proposent des outils **à manches interchangeables, quelquefois télescopiques et réglables**. Ceux-ci sont pratiques et légers certes, mais onéreux et plutôt fragiles. En outre, ils vous obligent à une fidélité à une seule marque, puisque d'un fabricant à un autre, les manches ne sont pas adaptables.

Des cannes partout...

Même pour effectuer les travaux les plus simples, les concepteurs d'outils se soucient de votre dos. Ainsi, vous trouverez ***des épandeurs d'engrais à gazon montés sur roulettes****, qui se déplacent ni plus ni moins facilement qu'un caddie à commission. De même,* ***votre tuyau d'arrosage, monté sur dévidoir****, se transporte très aisément.* ***Certains sécateurs, « emmanchés » d'une rallonge*** *de près de 1 m, vous permettent de tailler sans avoir à vous baisser. Jusqu'à ces pinces, qui servent à saisir papiers et déchets en tout genre, sans risquer le tour de rein. De fait, peu d'outils de jardin ne présentent aujourd'hui une alternative montée sur canne.*

Quant à leur poids...

Les outils les plus résistants et les plus durables sont les outils métalliques forgés, et pas simplement emboutis. Mais ce sont aussi les plus lourds ! Il existe bien des outils de qualité légers, dont le faible poids tient généralement à leur manche **en aluminium**. Il est cependant difficile de descendre sous un certain poids sans handicaper la solidité de l'outil.

Touchons du bois...

Que pense votre dos des manches d'outils **en fibre de verre** que propose aujourd'hui le commerce ? Ils sont solides certainement, et même indestructibles. Ils peuvent se justifier pour les bêches et les fourches-bêches, et surtout pour les louchets d'arraché en pépinière. Mais dans les autres cas, il ne faut les adopter qu'avec prudence. Comme ces manches transmettent intégralement des vibrations fatales à votre colonne vertébrale, il faut même totalement les bannir pour les emmanchements de masse, de massette et de hache. Pour tous les outils subissant des chocs répétés, il est préférable d'user d'un manche traditionnel en bois de frêne.

Un sécateur qui coupe et une scie qui scie...

Un bon sécateur doit permettre une coupe nette et sans ébarbures. Dédaignez les sécateurs d'importation. **Les sécateurs de marque** permettent de changer les lames abîmées et les fermoirs défectueux. Ils ont une durée de vie bien plus longue, tout en présentant un meilleur confort d'utilisation.

Dans les grands jardins : mécanisez

Aux grands jardins, les grands remèdes ! Si votre terrain dépasse les 8 ares, il est difficile de faire sans outil à moteur. Plus la taille de votre jardin est importante, plus le recours à la motorisation est inéluctable.

Deux options...

L'outillage électrique convient plutôt aux petites et moyennes surfaces, alors que le matériel à moteur thermique est destiné aux grands jardins. Tous se définissent par leur puissance, en watt (W) pour les premiers, en chevaux (CV) pour les seconds. La puissance requise pour le moteur augmente avec la taille du jardin.

Des machines pour travailler le sol

Constitués d'un outil rotatif horizontal directement entraîné par l'axe du moteur et muni de couteaux, **les motoculteurs et les motobinettes** rendent de fiers services dans les jardins supérieurs à 400 m². Mais ils peuvent aussi se révéler des outils idéaux pour multiplier... les « mauvaises herbes », les vivaces en particulier, comme les chiendents et les liserons. En faisant

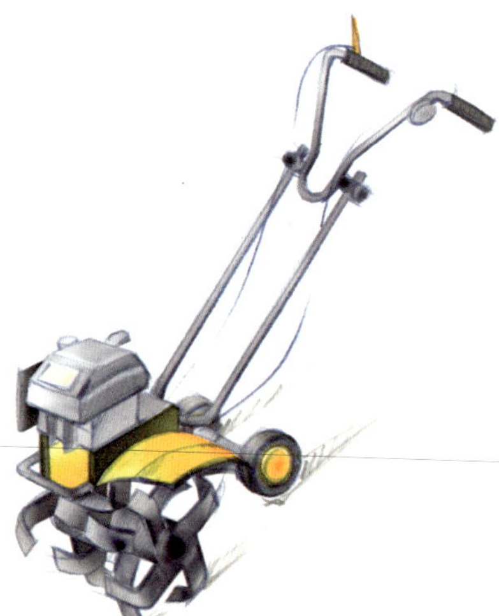

Une motobinette.

tourner les dents des fraises à des vitesses trop rapides, ils mutilent également ces inlassables brasseurs de matières organiques que sont les lombrics. À force de travailler à profondeur constante, ces machines créent par ailleurs l'équivalent d'une semelle de labour, qui peut handicaper le développement des racines en profondeur. Il convient donc de les utiliser à dose homéopathique, et toujours en complément d'une aération plus importante du sol.

Ergonomie, ergonomie...

Au moment de choisir votre engin, ne négligez pas les ***petits « plus » ergonomiques****. Le starter automatique vous permettra un démarrage facile, les guidons réglables se mettront à votre taille et les leviers de commandes accessibles vous éviteront de pénibles contorsions. Si la configuration de votre terrain nécessite un transport fréquent, veillez à ce que la poignée de portage soit complétée d'une ou deux roues pour les déplacements sur des distances plus longues.*

La motobineuse qu'il vous faut !

Les motobineuses thermiques (à essence) vous apportent une grande autonomie. Leur poids est variable selon les marques et les modèles. Comptez environ 40 kg pour les plus légères et 75 kg pour les plus lourdes. L'adaptation d'une roue de transport facilite la manipulation. Leur puissance oscille de 3,5 à 5,5 CV et le diamètre des fraises de 300 à 320 mm. Quant à la largeur de travail, les plus petites ne dépassent pas 40 cm, alors que les plus grandes atteignent 90 cm.

Jusqu'à 3 ares de surfaces travaillées, les petits modèles font l'affaire. Le confort de travail est pourtant meilleur avec des appareils plus puissants. **Au-delà de 5 ares,** ne lésinez pas sur la puissance et passez aux grands

Un motoculteur.

modèles. Vous pouvez même monter en gamme et en confort avec des machines multi-vitesses : en général, deux ou trois vitesses avant et une vitesse arrière. Le déport des mancherons vous permettra de travailler en position confortable.

Et dans les très grands jardins ?

Au-delà de 10 ares, l'utilisation de la motobinette devient contraignante : c'est un vrai **motoculteur** qu'il vous faut. Ces machines puissantes et polyvalentes, montées sur roues, sont accompagnées de divers accessoires comme le buttoir, le cultivateur et la charrue de labour. Elles permettent de mener à bien, sans fatigue particulière, tous les travaux du sol au jardin.

Des tondeuses pour votre gazon

Voici un autre appareil dont l'acquisition demande quelques réflexions : la tondeuse. Ce que l'on demandera à ces machines, c'est un travail rapide, une finition propre, une certaine robustesse et une grande sécurité à l'utilisation. Et tout cela, évidemment, sans avoir à se casser les reins !

Pensez à la location

Des outils suffisamment puissants génèrent un meilleur confort de travail. Dans tous les cas, ils apportent la garantie d'un résultat à la hauteur de vos espérances – et de votre investissement ! Les travaux colossaux au jardin demandent donc un équipement en conséquence. Mais dans le cadre d'une utilisation occasionnelle et ponctuelle, l'acquisition d'un appareillage onéreux ne se justifie pas. Le cas échéant, recourez à la location.

La tondeuse qu'il vous faut !

Pour les petites pelouses (jusqu'à 300 m²), **les modèles électriques** conviennent. En général de 35 ou de 40 cm de large (la dimension du carter est aussi celle de votre largueur de coupe) augmente avec la taille de la surface à tondre. Ce sont des petites tondeuses légères, silencieuses et qui demandent peu d'entretien. Les modèles tractés génèrent un plus grand confort à l'utilisation. La puissance du moteur s'applique alors sur les roues, et il vous suffira de « suivre » votre tondeuse sans avoir à la pousser. À partir de 300 m², préférez **un modèle thermique**. La dimension du carter est revue à la hausse : 40, 45 ou 50 cm, plus rarement 55 à 60 cm. Elles sont le plus souvent tractées et leur poids oscille entre 20 et 30 kg.

Dans les deux cas, veillez à ce que le bac de ramassage, qui récupère l'herbe coupée, se décroche et se manipule aisément.

Et au-delà de 1 500 m² ?

Dans ce cas, il vous faut passer à un modèle autoporté : **le tracteur de pelouse**. Sa largeur de coupe varie entre 70 cm pour le plus petit et 1,25 m pour le plus gros. Il offre une grande maniabilité et son utilisation est en général plutôt plaisante.

Mulching system

Les tondeuses équipées d'un mulching system *coupent et broient simultanément l'herbe, qui est reposée uniformément sur le sol. Elles permettent ainsi de tondre sans ramasser l'herbe coupée. En se décomposant, le gazon nourrit le sol et accessoirement le protège de la sécheresse en été. Il n'y a pas d'herbe à évacuer, puisque ces machines travaillent sans bac de ramassage (le passage vers le sac de ramassage est obturé par un déflecteur). Elles nécessitent cependant des tontes plus fréquentes, car la hauteur d'herbe coupée doit être limitée pour éviter que l'esthétique du gazon n'en pâtisse : apparition de feutrage, jaunissement et mousse.*

Une tondeuse électrique.

CHAPITRE 3

Alléger la terre, c'est épargner votre dos

Matière organique et humus

Une terre souple et légère est l'allié le plus précieux que votre dos puisse trouver. L'objectif n°1 est d'enrichir votre sol en matière organique afin de lui donner une texture proche (idéalement) de celle d'un terreau. C'est un travail de longue haleine. Mieux vaut vous y mettre tout de suite !

L'humus

Un sol tire sa teneur en limon, en argile, en sable et en calcaire de sa genèse géologique. Il est difficile - et toujours coûteux - de remédier à des excès ou à des carences éventuels dans ce domaine. Mais ces agrégats minéraux sont liés par l'humus, un matériau de couleur brunâtre qui résulte de la décomposition des matières organiques végétales. Outre son importance en tant que réservoir d'éléments nutritifs, il joue un rôle essentiel dans la plus ou moins grande souplesse de votre sol. Plus ce dernier est riche en humus, plus il se travaillera facilement.

La matière organique

L'agencement organique de votre sol provient de la matière végétale incorporée sous différentes formes : engrais

Il y a humus et humus !

De fait sont distingués deux types d'humus. ***L'humus jeune*** *naît de la transformation rapide de la matière organique fraîche essentiellement cellulosique. C'est un produit organique très labile dans le sol, mais il alimente petit à petit ce grand réservoir que constitue* ***l'humus stabilisé****, le plus précieux pour le jardinier. Formé surtout de lignine, il se dégrade lentement, à raison de 2 % par an. C'est l'or caché de votre jardin.*

verts, pailles, fumiers, feuilles des végétaux caducs, broyats divers, tontes de gazon, etc. Dans ce domaine, vous pouvez faire feu de tout bois ! Ces matériaux peuvent être épandus tels quels à la surface du jardin. Mais il est préférable de les faire « prédigérer », c'est-à-dire de les faire évoluer en humus, en les compostant avant de les incorporer au sol. Ce compost, vous pouvez le fabriquer vous-même ou l'acquérir auprès des compostières.

Mille raisons de l'apprécier…

La matière organique *est l'élément clé de la texture du sol. Elle est toujours appréciée, qu'elle rende plus souples les terres lourdes ou plus consistants les sols légers. Mais ce n'est pas tout ! C'est elle aussi qui régularise les échanges d'oxygène, d'eau et de chaleur entre le sol, l'air et la plante. En outre, elle prévient le lessivage des nutriments qu'elle fixe et stabilise.*
Enfin, sa présence constitue un milieu propice au développement de la vie microbienne, et elle favorise la prolifération de ces laboureurs et malaxeurs bénévoles que sont les vers de terre.

Du compost maison

Le compost maison est celui que vous fabriquez vous-même à partir des tailles et des déchets de végétaux issus de l'entretien de votre jardin, mais aussi de récupérations ménagères diverses : épluchures, coquilles d'œufs, cendres de bois, et même papier journal. Quelle que soit la technique mise en œuvre, il présente deux étapes essentielles : l'ensilage par la mise en tas et le contrôle de la fermentation par son retournement, complétés d'éventuels arrosages.

Même si une petite herbe téméraire peut apparaître ça et là, un bon compost est toujours indemne de mauvaises herbes.

Broyer autre chose que du noir…
Un compost dont les matériaux d'origine ont été broyés évolue plus rapidement que celui fabriqué avec des déchets végétaux entassés tels quels. Selon le volume des matériaux organiques que produit votre jardin, recourez à un modèle thermique ou électrique. Le premier, plus puissant, permet de traiter des volumes supérieurs au second.

Qu'importe le modèle retenu, pourvu qu'il soit pratique à utiliser et d'un volume correspondant à vos besoins. Posez-le à même la terre, jamais sur couverture minérale, béton ou dallage. Il est souvent pratique d'en disposer de deux : le premier contenant le compost prêt à l'utilisation, le second celui en train de se faire.

Les compostières

Les compostières sont des entreprises qui recyclent et valorisent les déchets organiques issus des paysagistes, des collectivités locales et des particuliers. Y recourir est de loin la façon la plus pratique pour améliorer rapidement votre sol et en faire un substrat meuble et facile à travailler. Elles vous livrent à domicile et sont relativement abordables en termes de coûts. Comptez environ 30 euros par m^3 de compost, auquel s'ajoute le transport qui varie selon votre éloignement.

En quelle quantité ?

Le mieux est d'apporter du compost régulièrement en automne ou au printemps, soit une couche de 1 à 2 cm. Pour l'apport initial, vous pouvez doubler, voir tripler cette quantité. De fait, plus que la quantité, c'est la régularité de l'apport qui conditionne le résultat à terme. N'y allez pas avec le dos de la cuillère : dans ce domaine, le risque d'en faire trop est faible. La « faim d'azote », qui provoque parfois un effet dépréciatif sur la végétation, est moins due à la quantité épandue qu'à l'utilisation d'une matière organique trop fraîche.

Des contenants adaptés

Une fois le compost livré, il vous faudra le transporter et l'épandre sur vos parcelles. Une bonne option consiste à vous servir de **ces grands conteneurs munis de poignets**, initialement utilisés par les pépiniéristes, et aujourd'hui vendus dans tous les commerces horticoles. Pas très élégants et souvent noirs, ils sont cependant solides et peu coûteux.
Ils existent en diverses tailles. Vous les choisirez en proportion de votre force physique. Les plus petits d'entre eux ne dépassent pas 35 cm de diamètre : remplis de compost, ils pèsent environ 10 kg. Les plus grands vont jusqu'à 50 cm et même plus, ce qui équivaut à environ 30 kg.

Des conteneurs de compost avec poignets.

CHAPITRE 4

Jardinez au bon moment et faites plaisir à votre dos

Choisir le bon moment

C'est bien connu : avant l'heure, ce n'est pas l'heure, et après l'heure, c'est trop tard ! Pleine de bon sens, cette phrase se vérifie journellement au jardin. Choisir le moment idoine pour intervenir vous épargnera bien des soucis.

Qui va *piano*...

Un jardin à taille humaine ne nécessite qu'exceptionnellement le déploiement d'un effort démesuré. Et quand c'est le cas, on l'a vu, des solutions existent pour limiter l'impact sur votre santé. Le travail est peu éprouvant et le jardinier passe volontiers du coq à l'âne, enchaînant pêle-mêle, dans la même matinée, bêchage, récolte, travail du sol, semis, rempotage, taille et arrosage.

Juin au jardin

Suivre un jardinier dans son jardin au mois de juin relève de la gageure. Il fait d'abord un rapide tour du propriétaire pour pointer les éventuelles urgences, et il s'affaire aussitôt dans les tomates. Pincer les gourmands d'une trentaine de pieds ne lui demande que quelques minutes. Puis, griffe en main, il s'active à préparer la parcelle destinée à recevoir ses plants de laitues d'été. Deux coups de binette permettent de ramener un peu de terre au pied des fenouils bulbeux afin de les blanchir.

Deux ou trois petites coupes au sécateurs servent à éclaircir les fruits de la haie de pommiers : c'est l'affaire d'un gros quart d'heure à peine ! Il

De tous les légumes, la tomate est celui qui vous demandera le moins de travail.

suffit de deux petites minutes pour supprimer les roses défleuries sur les rosiers. Jusqu'au tas de compost que les dernières pluies ont par trop tassé et qui est allégé en deux coups de cuillère à pot à l'aide de l'aérabèche. Ni une ni deux, voilà notre jardinier qui ajuste les tuteurs de ses delphiniums. Semer ses chicorées italiennes ne lui prend que quelques minutes. Un coup d'arrosage pour conclure... Et voilà le travail ! Il est temps maintenant de prélever un ou deux pieds de salades pour midi et de sortir de terre quelques carottes primeurs (excellentissime 'Parmex' !). Ainsi, pendant les 2 ou 3 petites heures passées au jardin, beaucoup d'activités s'enclenchent et se succèdent avec une grande spontanéité et beaucoup de naturel. Jardiner ressemble alors à un ballet, et le jardinier ... à un danseur étoile : rond de jambe, tour en l'air, glissade, saut de chat...

L'instant « T »

Le meilleur moment pour descendre au jardin, c'est quand les conditions météorologiques, d'adversaires se font partenaires. À l'instar du judoka qui se sert de la force et de la puissance de son rival – de ses faiblesses aussi –, le jardinier avisé utilise les particularités climatiques du moment pour conduire son travail à terme plus facilement et à moindre effort.

Si beaucoup de plantes ne supportent pas le gel, le sol, lui, l'apprécie énormément.

Apprivoisez les gelées

Le froid passe au jardin plus souvent pour un ennemi à craindre que pour un collaborateur apprécié. D'où l'élégant emmaillotement des plantes frileuses dès la venue de la mauvaise saison ! Ces protections hivernales n'empêchent d'ailleurs pas le jardinier de vivre dans de récurrentes angoisses jusqu'au réveil printanier. Mais le froid de l'hiver peut aussi lui prêter son concours. À lui de passer un pacte avec ce diable !

Labours d'automne ou de printemps ?
Les époques où se travaillent les sols en profondeurs relèvent d'habitudes régionales. Le Nord opte plutôt pour l'automne, le Sud pour le printemps, juste avant la mise en culture. Les rigueurs relatives de l'hiver ne sont pas étrangères à ces choix. Cependant, la texture très variable des terrains influe elle aussi sur ces préférences. En règle générale, un terrain sableux et léger se travaille au printemps, un sol lourd de préférence en automne.

Pour une terre fine et friable

Pour retrouver au printemps une terre souple et légère, rien ne vaut un bon labour d'automne pratiqué à grosses mottes. Le froid de l'hiver s'insinue alors jusque dans les moindres interstices du sol, et les alternances de gels et de dégels assouplissent plus sûrement la terre que le ferait n'importe quel outil de travail. Et cela, sans vous briser les reins !

Basses températures et parasites

Les insectes indésirables, comme les vers blancs ou les larves de taupins et de noctuelles, présents dans le sol en hiver ont la peau dure ! Cependant, quand le froid circule librement dans toute l'épaisseur du sol, une bonne part en est détruite, limitant d'autant les nuisances au réveil de la végétation. Tous les jardiniers l'ont constaté : après un hiver doux, les problèmes phytosanitaires se révèlent souvent plus délicats à résoudre.

Chaleur et soleil : des atouts de charme

La chaleur et le soleil peuvent aussi vous venir en aide - même si, lors des fortes canicules, le mieux pour le jardinier est encore de se reposer sous sa pergola ! Mais passer la sarclette au matin d'une belle journée d'été est particulièrement profitable : en gagnant en ardeur, le soleil de la journée vous grillera *illico* les adventices coupées ou déracinées. *A contrario*, sarcler un terrain humide, ou juste avant une ondée, est un travail inutile et même favorable au déploiement de ces herbes qui se développent alors de plus belle.

Au menu : grillade de parasites racinaires

Pour en revenir à nos vers blancs, larves de noctuelles, vers gris et autres hépiales - tous grands amateurs de racines de salades -, un griffage régulier du sol ramène ces indésirables à la surface, les rendant alors très sensibles aux ardeurs du soleil.

Para-pluie

Faites vous également « aider » par la pluie. Essentielle, la quantité d'eau présente dans le sol génère une optimisation ou une dégradation de sa texture. Trop humide, une terre argileuse devient compacte et, par là, pénible à travailler, les mottes glaiseuses formant un agglomérat difficile à émietter. Trop sèche, la terre se fait dure comme du béton. Vous devez donc guetter les conditions favorables d'humidité naturelle pour entreprendre la préparation des sols et soulager d'autant votre dos. Il est très difficile de remédier à un sol trop chargé en eau après une période de pluie, si ce n'est en prenant son mal

Les insectes du sol ne dédaignent pas les délicates racines de la laitue.

en patience ! Il est cependant facile de remédier à un sol trop sec par l'arrosage. Mais comme la terre met souvent plusieurs heures pour absorber intimement l'eau qu'on lui apporte, le bon « truc » pour travailler un terrain sec, c'est de l'arroser abondamment... la veille.

Merci qui ? La pluie

*Travailler un sol sec en été pour installer **les chicorées italiennes** ('de Trévise', 'Rouge de Vérone', 'Variegata di Castelfranco'...) relève d'un travail éreintant. Ainsi, la préparation du sol est longue et pénible. Brisé, vous ne sentez plus votre dos ! La terre trop motteuse avale la graine pour l'entraîner trop profondément sous terre. Ces graines, qui devraient lever en 48 heures... ne germeront jamais. C'est beaucoup de peine pour rien ! Il aurait suffit de patienter quelques jours pour qu'une ondée humectant le sol vous facilite le travail.*

*La terre s'émiette alors commodément sous les dents de la griffe ou de la motobinette. **Les graines** posées sur le sol restent en surface, retenues par l'humidité. En laissant délicatement glisser les dents du râteau sur le lit de semis, elles sont incorporées à 2 ou 3 mm de profondeur. Il n'en faut pas plus ! Tassez ensuite le sol avec le dos de ce même râteau. Puis ajoutez une petite « mouillette » avec un arrosoir garni de sa pomme.*

*Une semaine plus tard, **de jeunes plants** de chicorées de 2 cm de haut tapissent votre ligne de semis. Il est alors déjà temps de les éclaircir. Trois à quatre nouvelles semaines de patience, et les premières récoltes peuvent commencer.*

Se faire un allié du temps qui passe

Créer un potager ou un jardin d'ornement à partir d'un terrain non cultivé de longue date passe pour un travail accablant : couper la couverture végétale, l'incorporer au sol, ameublir celui-ci, replanter... Plutôt que de concentrer vos travaux sur une courte période, gérez-les sur **une année complète**. En respectant le « cycle virgilien » des saisons, vous vous épargnerez bien des efforts.

Cela relève d'une éthique douteuse, mais le fait est là : au jardin, il vaut souvent mieux reporter certains travaux au lendemain plutôt que de tout faire le jour même !

Tout est affaire d'**anticipation**. Avant d'entreprendre quoique ce soit, recouvrez la surface à cultiver en fin d'hiver d'une épaisse bâche opaque. Si votre sol est couvert de ronces sauvages et de broussailles, ne les arrachez pas : vous y laisseriez votre santé. Contentez-vous de les couper à ras, puis de déployer votre film noir par-dessus.

Enlevée à l'automne suivant, **la bâche** découvre un sol net sans herbe, souvent fourmillant de vers de terre et plus souple qu'au départ. Pour les terrains fortement couverts de ronces ou d'adventices vivaces tels le chiendent et le liseron, il est nécessaire de maintenir la bâche en place un an de plus pour parvenir au même résultat. Cette première étape ne vous a demandé que l'effort d'étendre la toile et de la fixer aux quatre coins. C'est l'obscurité qui, en inhibant la photosynthèse, vous a débarrassé de la couverture végétale.

Bêchez ensuite votre terrain à très grosses mottes. Le froid et le gel de l'hiver parachèvent votre travail en émiettant les 20 ou 30 cm de terre superficielle. Recouvrez le sol en deuxième partie d'hiver de 5 cm de fumier de cheval bien décomposé.

Une bâche noire posée à même le sol vous évitera à moindre coût l'apparition des mauvaises herbes.

Ce *mulch* fertilisant empêche les premières herbes indésirables du printemps de vous importuner.

En juin, plantez **des pommes de terre tardives** réputées solides, comme 'Pompadour' ou 'Désirée'. Buttées à deux ou trois reprises, elles vous débarrassent définitivement des dernières « mauvaises herbes ». L'arrachage des tubercules fin septembre vous permet encore d'affiner la terre. Une nouvelle couverture de quelques centimètres de fumier composté protège le sol nu de la battance provoquée par les pluies d'hiver. Dès les premiers beaux jours, un simple coup de croc vous permet de faire du jardin ce que vous voulez : il est prêt à tout !

Si le terrain à mettre en culture est seulement **« sali » d'herbes et de plantes non ligneuses,** vous pouvez faire plus vite, et avec moins d'effort encore. Recouvrez dès février votre parcelle d'environ 30 cm de paille hachée ou de fumier pailleux émietté. À cette époque, les premières adventices n'ont pas encore commencé leur croissance. En juin, glissez simplement vos tubercules de pommes de terre sous cette litière. Une fois les pommes de terre récoltées en automne, travaillez le sol à grosses mottes avant d'épandre votre fumier composté en surface. Vous n'avez plus qu'à attendre le printemps...

La pomme de terre est une excellente plante pour entamer la culture d'un sol en friche.

Plus on est de fous

Enfin, il est plus avantageux de travailler au jardin 1 jour à quatre que 4 jours tout seul ! Battez donc le rappel de vos amis pour mener à terme les travaux d'envergure qu'il est toujours plus profitable et agréable d'assumer à plusieurs. D'autant qu'il faut parfois aller vite, surtout si le baromètre à la hausse laisse envisager une dégradation des conditions météorologiques. C'est souvent la préparation du sol (terrassement, ameublissement et mise à niveau) qui est particulièrement exigeante en temps et en effort. Les travaux de semis et de plantation proprement dits ne sont pas des plus pénibles. Mais, là aussi, plus on est de fous...

CHAPITRE 5

Adaptez votre environnement pour soulager vos lombaires

Adaptez les conditions de culture

Inutile de courir au jardin après des conditions idéales : elles n'existent pas. Mais des petits accommodements ponctuels permettent de minimiser certaines contraintes et vous facilitent grandement la vie. Au jardin comme ailleurs, il y a toujours moyen de s'arranger !

La terre est basse : soulevez-la !

L'habitude est prise depuis longtemps de diviser le potager en parcelles (ou planches) de culture. Définie conventionnellement, leur largeur est généralement arrêtée à 1,20 m. Cette dimension permet au jardinier de travailler le sol à partir des allées - les passe-pieds - qui les séparent les unes des autres. Leur longueur, quant à elle, est donnée par la dimension même du jardin.

Des planches de culture surélevées.

L'idée, c'est de circonscrire ces parcelles par une bordure pour en faciliter la culture. Enrichies de bonne terre végétale et de compost, **ces planches de culture surélevées** gonflent alors comme sous l'effet d'un levain. Le niveau supérieur du sol dépasse souvent d'environ 20 cm jusqu'à 40 cm celui des allées. Ce sont surtout les terres excessivement ingrates, caillouteuses ou trop compactes qui gagnent à être traitées de la sorte.

Des passe-pieds.

Terre rehaussée, dos soulagé !

D'environ 30 cm de large, **les passe-pieds** aménagés entre deux « coffres » vous éviteront de fouler la terre destinée à recevoir vos cultures. Les planches sont alors aisément travaillées dans leur intégralité, sans présenter d'endroit « mort ». Par ailleurs, faciles à recouvrir d'un châssis ou d'une plaque de polycarbonate alvéolé, voire d'un tunnel en polypropylène, ils se révèlent d'une aide précieuse lors de la multiplication ou de la mise à l'abri de vos plantes en début de saison.

Quels matériaux pour les bordures ?

Traditionnellement, les bordures étaient faites de béton coulé dans des petits coffrages en bois. Elles étaient alors éternelles ou presque. On préfère aujourd'hui monter ***des petites bordures préfabriquées en béton****. L'installation est moins contraignante et, si vous changez d'avis et rêvez d'un autre jardin, leur démontage en est facilité.*
Les margelles en bois *(bastaings de maçon ou madriers de charpentier) sont plus faciles à manipuler, mais moins durables : elles doivent être remplacées tous les 5 ans. Éliminez d'emblée les plessis d'osier, très onéreux et surtout trop éphémères.*

Des bordures en bois.

Des tomates sur votre balcon

Il n'est rien de plus facile que de ***cultiver quelques pieds de tomates*** *sur votre terrasse ou votre balcon. Le résultat est toujours garanti, car cette solanacée apprécie d'être élevée en pot. Il est cependant nécessaire de respecter quelques impératifs.*

D'abord, ***récupérez un pot de taille suffisante*** *: 35 cm de diamètre est un minimum. Ensuite, n'allez pas trop vite en besogne et attendez la mi-mai pour entreprendre la culture. Remplissez alors le pot d'un bon terreau et n'oubliez pas d'y adjoindre un tuteur : de croissance vigoureuse, la tomate réclame en effet un solide support d'au moins 1,80 m de haut. Optez pour une variété à petits fruits (tomates cerises ou cocktails) ou à fruits moyens, mais hautement productive et savoureuse, telle l'indémodable 'Ferline'.*

Arrosez tout de suite après la plantation*. Suivent quelques pincements, qui consistent à supprimer dès leur apparition les jeunes pousses naissant à l'aisselle des feuilles. N'oubliez pas d'attacher régulièrement la tige de la tomate à son tuteur, car les fruits, en grossissant, auront tôt fait d'entraîner la plante entière sous leur poids.*

La tomate est exigeante en éléments nutritifs *: azote en début de croissance, puis phosphate et potasse quand mûrissent les fruits. Au moment de la plantation, accordez donc une grande importance à la qualité du terreau et, en cours de végétation, à sa nutrition minérale. Pour cela, le plus simple est d'ajouter à la plantation un engrais organique complet.*

Arrosez de façon suivie *jusqu'au début du rougissement des premiers fruits. Puis modérez votre apport d'eau, les feuilles pouvant même temporairement flétrir un peu. Ainsi, vos tomates seront moins chargées en eau et plus en sucre. Elles seront donc plus savoureuses... Vous récolterez dès la mi-juillet vos premières tomates.*

C'est la loi !

Comme tout corps massif, l'eau obéit aux règles de la gravité. Ainsi, le sol des parcelles surélevées **se dessèche plus rapidement** que celui des terrains à niveau. Toutes les autres conditions étant égales, les plantes cultivées de cette façon requièrent donc des quantités d'eau plus importantes.

Qu'en est-il des traverses de chemin de fer ?

D'usage assez courant pour circonscrire des parcelles de culture surélevées, les anciennes traverses de chemins de fer doivent cependant être employées prudemment. En plus de la qualité très variable de leur bois, elles ont subi divers traitements, dont celui au carbolyneum, un produit contenant du lindane, une matière toxique. De fait, loin d'être anodines pour vous et pour l'environnement, elles n'ont plus leur place aujourd'hui dans un jardin naturel.

Optez pour la culture en pots

Entre toutes, la culture des plantes en pots est la moins éprouvante pour votre dos : nul besoin de vous baisser, pas de travaux du sol éreintants, ni de désherbages fastidieux. Du jardinage, on ne retient que le plus plaisant : semer, repiquer, s'émerveiller devant la croissance des végétaux cultivés et admirer leur floraison.

Quelles plantes cultiver en pots ?

Toutes les plantes habituellement élevées en pleine terre se cultivent en pots. Diverses structures d'appoint – fils, tuteurs en bambou, etc. – permettent même de cultiver hors sol des plantes sarmenteuses. Ces contenants se posent à même le sol, qui peut être nu, dallé ou carrelé. Leur dimension est fonction de la plante. En tout état de cause, les pots les plus légers et les plus solides sont aussi les meilleurs.

Les plantes en pots et leur manipulation

Le déplacement des pots de moins de 25 cm diamètre, même garnis de plantes parvenues à l'optimum de leur développement, ne présente pas de difficulté particulière. Dos droit et jambes pliées, saisissez le pot à deux mains, puis soulevez-le de terre en dépliant les jambes, doucement et sans à-coup. Les bras le long du corps, déposez alors la plante à son nouvel emplacement. Mais manipuler en automne des plantes méditerranéennes de 10 ans d'âge pour les entreposer à l'abri des basses températures de l'hiver, c'est une autre paire de manches.

Quelques astuces...

Il n'est pas rare que votre laurier-rose ou votre datura se retrouve dans un pot de 80 cm ou plus après plusieurs années de culture et quelques rempotages successifs. Le poids de

Le rempotage

Lors du rempotage, inutile de surdimensionner le nouveau pot : 3 à 5 cm de diamètre de plus par rapport à l'ancien contenant suffiront pour donner aux racines de la plante le substrat neuf qui lui permettra de croître à l'aise. Si l'opération est renouvelée annuellement, il est même possible de réutiliser une fois sur deux le même pot, en se contentant d'enlever de la motte une partie de l'ancien substrat en la griffant un peu et de le remplacer par du terreau neuf. Dans tous les cas de figure, un apport régulier d'engrais organique limitera le développement du système racinaire et vous permettra donc d'espacer les rempotages ultérieurs.

Un pot sur un support à roulettes.

l'ensemble - plante, terre et pot - dépasse alors allégrement les 40 ou 50 kg. Leur manutention relève donc d'une vraie prouesse.

Si vos contenants sont ronds, contentez-vous de les incliner à 45 ° et de **les faire rouler** sur l'angle inférieur du pot. Sur un sol ferme (terrasse, balcon, courette ou allée), ils peuvent alors être déplacés sans efforts particulier. Les faire monter ou descendre un escalier est certes plus problématique. Une planche disposée en rampe d'accès peut vous aider.

Une autre façon de faire consiste à glisser sous le pot **un support muni**

de roulettes. Sur des surfaces planes, les plantes se déplacent alors par simple poussée.

Sur des surfaces meubles comme le gazon, le recours aux **sangles de manutention** représente souvent la seule issue. Les modèles varient selon les fabricants, mais toutes sont constituées de solides lanières qui, mises en place, enserrent le pot et se terminent par des boucles ou des poignets, permettant de les saisir à pleines mains.

Un ultime petit « truc » : **suspendez les arrosages** 15 jours à 3 semaines avant de mettre les pots à l'abri. Une fois la motte sèche, la plante est plus légère et se manipule plus facilement. Par ailleurs, elle s'en portera mieux : pendant la mauvaise saison, l'excès d'eau reste la principale source des principaux désagréments (pourrissement, maladies...).

Manipuler les plantes en pot requiert technique et savoir-faire.

CHAPITRE 6

Adoptez des façons indolores de travailler votre sol

Un sol retourné

De toutes les interventions au jardin, le travail du sol est celui qui sollicite le plus votre dos. Il en décourage certains, donne des sueurs froides à d'autres. Mais vous n'y couperez pas : travailler le sol est le préliminaire indispensable à toute mise en culture.

Un travail pénible

Au jardin, la terre est traditionnellement **bêchée**, ou labourée dans le cas des grandes parcelles. Elle est alors prête à accueillir les cultures projetées. Si ces interventions agressives sont parfois remises en cause aujourd'hui, elles restent inéluctables dans certaines situations particulières : création d'un jardin à partir d'un sol compacté – une ancienne pelouse, par exemple – ou terre excessivement lourde et argileuse.

Le retournement de la terre à la bêche relève d'un travail harassant. Pénible d'un point de vue physique, il est également très prenant en temps : même un bon bêcheur, dans une terre docile, ne retourne pas plus de 100 m^2 dans la journée. Le dos et les reins sont mis à lourde contribution. Lors du bêchage, si vous adoptez une gestuelle qui épargne votre échine en sollicitant les muscles de vos bras et de vos cuisses, vous éviterez sûrement certains désagréments. Mais aucune façon de faire ne les supprime tout à fait.

Perrette sans son pot au lait !

Le recours à **la bêche automatique** limite les inconvénients du bêchage traditionnel. Si la France est la championne du monde incontestée quant au nombre de modèles de bêches proposées (plus de 40 modèles différents), il n'existe plus aujourd'hui qu'une seule référence d'appareil automatique de bêchage. Elle est commercialisée sous l'affectueuse appellation de **Perrette**. Cette élégante dénomination dissimule un solide outil métallique, constitué essentiellement d'un tube en acier faisant office de levier et actionné au

Une bêche automatique : la Perrette.

moyen d'une poignée en T. L'ensemble pivote autour d'une pédale-support qui, posée sur le sol, sert de point d'appui. Enfoncé dans la terre comme une bêche classique, il est arrêté au niveau de la tranchée par la pédale, qui est alors affermie avec le pied. En tirant la poignée vers soi – ce sont alors les bras qui travaillent et non le dos –, le mouvement de rotation entraîne le porte-outil, qui rejette ensuite la terre sur le côté.

Sachez bêcher au bon moment !

Notez que, en dépit des particularités de votre terre et de l'outil utilisé, choisir le bon moment pour travailler le sol vous épargnera bien des efforts inutiles. Si votre sol est détrempé ou trop sec, il est préférable de remettre l'intervention à plus tard.

À l'instar d'un bêchage classique, les gestes sont renouvelés jusqu'en bout de parcelle. Selon votre type de terre, il peut être monté indifféremment en bêche (sol léger et sablonneux) ou en fourche-bêche (sol lourd et argileux). Comme pour tous les outils, la manipulation de la Perrette requiert une certaine dextérité et une petite période de prise en main.

Un sol aéré

Le bêchage aère le sol. Cependant, une terre correctement aérée n'est pas nécessairement retournée. Quand la texture du sol le permet, la simple **aération** sans retournement est même préférable aux bouleversements du sol apportés pas le bêchage. Elle se pratique en fin d'automne, en hiver ou en entrée de printemps. Si elle est réalisée avant les grands froids, les gelées noires d'hiver parachèvent efficacement le travail mécanique.

Grelinette, Tarabatte, Ducoterre, Biogabel, etc.

L'aération du sol se fait à **l'aérabêche**, qui est un outil composé d'un ou de deux manches, et prolongé dans sa partie basse de 3, 4 ou 5 dents droites ou arquées. Ces dernières s'enfoncent dans le sol avec un appui du pied, un peu comme avec la bêche ou la fourche-bêche. Un simple mouvement de fléchissement abaisse l'outil vers le sol et permet de soulever la terre sans la retourner. Le dos est très peu sollicité, puisque les efforts s'appliquent essentiellement à la hauteur des cuisses et des bras.

Des avantages de l'aération par rapport au bêchage

De maniement facile, l'aérabêche remplace avantageusement la fourche-bêche pour arracher les bulbes à fleurs d'automne ou de printemps, comme pour aérer le compost ou récolter des pommes de terre. Dans les massifs de vivaces et d'arbustes pérennes, l'aération du sol est moins préjudiciable aux racines des plantes qu'un retournement complet à la bêche. Au potager, elle se substitue au bêchage proprement dit. Mais elle peut aussi le compléter dans certains cas, en particulier dans les terres ingrates ou récemment mises en culture.

De nombreux modèles sont proposés par le commerce horticole. La Grelinette, pionnière en la matière, a inspiré d'autres fabricants, qui proposent aujourd'hui leur Tarabatte, Ducoterre ou Biogabel. Ces différents types d'outils se distinguent par la forme de leurs dents et leur nombre. Les outils larges permettent un travail rapide en hiver, les plus étroits sont pratiques pour travailler le sol entre deux cultures.

La grelinette.

Un sol émietté

En complément du retournement ou de l'aération profonde du terrain, l'émiettement est l'ultime opération de préparation du sol. Il précède immédiatement le semis ou la mise en terre des jeunes plants. Toujours superficiel, il ne concerne au mieux que les 10 à 15 premiers centimètres du sol.

Toutes griffes dehors !

Dans le cas de l'implantation d'un massif et du semis d'un gazon ou d'une jachère fleurie, **l'émiettement** est réalisé sur toute la parcelle. Il en est de même pour les plates-bandes potagères destinées à recevoir les semis à la volée. Dans un potager traditionnel en ligne, vous pouvez vous contenter d'émietter le sol sur la rangée de semis ou de plantation.

C'est **la griffe à quatre dents fines**, qui est habituellement employée pour l'émiettement. Animée de mouvements saccadés et énergiques, elle attaque vigoureusement le sol en l'émiettant très finement. Le travail achevé, votre main, l'index pointé, doit pouvoir s'enfoncer sans trop de difficultés jusqu'au poignet dans la terre ameublie. Dans les sols lourds ou trop secs - mais on peut toujours les arroser -, l'opération nécessite souvent d'être renouvelée à deux, ou même trois reprises.

Le bon geste

Le travail à la griffe se pratique les jambes légèrement écartées, le dos arqué et raidi, mais pas trop. Le geste doit être rapide, les mouvements réguliers des avant-bras et des bras vifs et décidés. Le balancement de l'ensemble bras et avant-bras apporte à l'outil une force d'inertie qui brise jusqu'aux plus petites mottes.

Ramenez vos fraises !

Mais même en sollicitant comme il se doit bras et avant-bras - et non le dos, les épaules ou les poignets -, le passage de la griffe reste un travail éreintant. La meilleure façon d'y remédier est encore de mécaniser l'opération en recourant à **une petite motobinette ou microbineuse**. Ces petites machines sont composées d'un moteur surmontant un axe horizontal, garni de solides couteaux en acier trempé (les fraises) et tournant sur lui-même. Très légères, elles sont particulièrement faciles à manipuler.

Ces machines sont en général peu puissantes : 4 CV maxi pour les **machines thermiques** (à essence), 600 watts pour les **électriques**. Les premières, qui ne nécessitent pas de prise d'alimentation à proximité des parcelles travaillées, vous apportent une plus grande autonomie. Elles sont un peu plus lourdes - entre 12 et 20 kg -, alors que certains modèles électriques ne dépassent pas 8 kg. Électriques ou thermiques, leur largueur de travail est faible et ne dépasse pas les 30 cm. De poids plume et compactes, souvent équipées d'une poignée de transport, les microbinettes se déplacent aisément. L'adaptation d'une roue en facilite encore la manipulation. Ces machines ont un prix, certes. Mais l'ajout de certains accessoires comme les sarcleurs, les butteurs et même les coupe-bordures peut amortir le coût d'achat de l'appareil en élargissant ses possibilités d'utilisation.

Travailler le sol en surface

La préparation du sol avant semis ou plantation est une chose, le suivi en culture en est une autre. Ces diverses interventions d'entretien sont peu gratifiantes. C'est d'ailleurs une habitude d'affirmer que le bonheur au jardin finit quand commence son entretien.

Binage et sarclage, les deux mamelles du jardin ?

Même si le jardinier a aujourd'hui recours à d'autres méthodes (*mulch* et paillage surtout), **le binage** et **le sarclage** restent d'actualité. Et sont même indispensables dans les jardins d'ornement et les cultures potagères « fines », comme celles des carottes et des Alliacées.

Biner, c'est ameublir la surface du sol afin de permettre à l'air et à l'eau de mieux circuler. **Sarcler**, c'est supprimer les plantes adventives qui pourraient incommoder la croissance des plantes cultivées. Dans la pratique, une intervention unique permet le plus souvent de mener à terme conjointement binage et sarclage.

Insolite peut-être, mais pratique et efficace

Au potager, biner et sarcler une rangée, ça va ! Mais au-delà de trois, bonjour les dégâts ! **La bineuse à bras** peut alors entrer en action. Il est vrai qu'avec son bâti en fer, muni à l'avant d'une grande roue que viennent enfourcher deux mancherons, c'est un peu *Star Wars* au jardin ! Mais c'est aussi un outil d'une utilisation facile et rapide, physiquement peu éprouvant et d'une efficacité redoutable. Suivant les fabricants, il est monté de socs courbes ou d'une ou plusieurs lames horizontales tranchantes, qui permettent de sectionner l'herbe à peu de profondeur – les deux ensembles parfois, sur certains modèles. Dans les potagers en ligne, il vous épargne les contorsions et l'arcure lombaire que requièrent les binages et les sarclages traditionnels.

Là où c'est trop pénible, laissez faire les autres...

Enfin, comment obtenir avec le minimum d'effort un sol léger, prêt à accueillir au printemps vos semis et vos plantations ? En se faisant aider... par les plantes. Certains végétaux, comme la phacélie, la moutarde ou la vesce, peuvent être cultivés pour enrichir, aérer et émietter le sol. **Ces engrais verts** ne sont pas des plantes semées pour être récoltées, mais destinées à être incorporées au sol qui les a portées après un temps de culture plus ou moins long. Ils protègent la terre et l'enrichissent. C'est essentiellement vrai pour les plantes de la famille des Fabacées - ex-légumineuses -, fixatrices d'azote. Surtout, ils améliorent sa structure et, par là même, facilitent considérablement les travaux ultérieurs du sol.

La bineuse à bras.

Le bon geste

Pour biner et sarcler, une gestuelle adaptée évite de fâcheux tiraillements lombaires. Positionnez-vous en face du massif ou de la rangée à travailler – binage et sarclage se pratiquent en avançant –, les deux pieds légèrement séparés, le dos droit mais sans être raidi. Comme dans le cas du maniement de la griffe, ce sont les bras qui appliquent à la binette, à la serfouette ou à la sarclette des mouvements de va-et-vient qui brisent la couche superficielle du sol et sectionnent les racines d'adventices.

CHAPITRE 7

Des interventions douces : du baume pour votre dos

Arrosez en douceur

L'eau reste l'élément essentiel de votre jardin. En manquer signerait la fin de vos haricots. À vous d'apporter la quantité qu'il faut au moment où il le faut.

Quelles eaux ?

À la campagne, l'eau ne manque pas. Eaux courantes, mares, étangs et sources dans le meilleur des cas : il n'y a qu'à pomper. Ailleurs, le choix se limite aux eaux de ville et à celles de récupération. À moins que vous n'apparteniez à l'une de ces régions privilégiées, qui mettent à votre disposition les réserves d'une nappe phréatique, à quelques mètres sous terre. Les premières sont loin d'être les meilleures : froides, chargées en chlore et onéreuses. Le mieux est de récupérer et de stocker l'eau qui tombe du ciel.

Entre 500 et 1 000 litres d'eau par m^2 de toiture

Très aérée et douce - contrairement aux eaux pompées, elle ne contient jamais de calcaire -, l'eau de pluie est de loin la meilleure. Il vous suffit d'un toit pour la recevoir, d'une gouttière pour la collecter et d'un récupérateur pour la stocker. Selon la région et la pluviométrie de l'année, vous pouvez compter récupérer 500 à 1 000 litres d'eau par m^2 de toiture.

Le kit de récupération

Le dispositif de récupération *proprement dit s'installe sur la gouttière. Choisissez de préférence un modèle ne nécessitant pas le démontage ou la découpe du chenal d'évacuation. Si l'eau est destinée à alimenter un système de goutte-à-goutte, prévoyez-le muni d'un filtre. En règle générale, ces systèmes de récupération sont dotés d'un trop plein. Vérifiez quand même : il vaudrait mieux, une fois vos cuves pleines, que l'eau récupérée par votre toiture puisse réemprunter le cheminement habituel des eaux usées.*

Les bacs de stockage *sont vendus dans les jardineries ou les magasins de bricolage. Cependant, des contenants de fortune font également l'affaire. Préférez-les rigides et pas trop volumineux (500 litres au maximum). Au besoin, raccordez-en plusieurs en série : la récupération de l'eau avec l'arrosoir en sera facilitée. L'idéal serait d'installer une citerne enterrée à demeure.*

Récupérer l'eau de pluie

Pour récupérer l'eau de pluie, le marché horticole fournit des solutions clés en main sous forme de kit prêt à poser. Grâce à ce dernier, vous disposez d'eau quasi à volonté. Regarder tomber la pluie par votre fenêtre vous sera d'autant plus agréable : l'hémisphère gauche de votre cerveau pourra rêvasser tranquillement, le droit n'ignorant pas que vos réserves d'eau sont en train de se reconstituer !

Le récupérateur d'eau de pluie.

Les besoins en eau sont très variables, selon le climat et le type de sol. De plus, certaines plantes possèdent une réputation de soiffardes, alors que d'autres seraient plutôt « chameaux ». Ainsi, les conifères nécessitent généralement deux fois moins d'eau que les feuillus. Et pour ces derniers, cela peut passer du simple au quadruple.
En outre, pour une même plante, les besoins en eau varient selon son état végétatif : en général, moyens en début de végétation, importants en cours de croissance et de maturation, faibles lors du mûrissement des fruits et des graines.

Comment arroser ?

La meilleure technique consiste à arroser souvent mais en petites quantités les toutes jeunes plantes, plus épisodiquement mais plus abondamment les plantes en pleine croissance. Et n'arrosez quasiment jamais les végétaux mûrissants !

Arroser moins...

Certaines plantes sont exigeantes en eau : il est difficile de les cultiver sans arrosage. Mais leurs besoins sont parfois surestimés. Après 2 mois

Un tuyau d'arrosage avec enrouleur.

de culture, une tomate présente un système racinaire assez développé pour acquérir une relative autonomie et se contenter d'un arrosage abondant certes, mais très occasionnel, toutes les 2 semaines et même moins. De l'eau, il en faut... mais juste ce qu'il faut.

Arroser mieux...

• **Le meilleur moment** pour arroser dépend de l'époque de l'année.

• **Au printemps et à l'automne**, il est préférable d'arroser le matin. Le sol pourra se ressuyer durant la journée. En effet, l'humidité nocturne est nuisible aux plantes lorsque les nuits sont trop fraîches.

• **Pendant les mois d'été**, arrosez plutôt le soir. L'eau apportée est alors disponible à 100 % pour la plante. Pas d'évaporation, pas de transpiration ! L'eau alimente tout le profil du sol et permet aux végétaux d'entrer en turgescence pendant la nuit. Cette maximisation de l'eau dans les tissus de la plante lui servira à faire bonne figure le lendemain, même sous une météo caniculaire.

• **Dans un cas comme dans l'autre**, évitez les arrosages en pleine journée.

Arrosoirs et tuyaux d'arrosage

Les arrosoirs sont plutôt légers en eux-mêmes et se transportent facilement. C'est leur contenance, de 2 à 13 litres, qui fait leur poids. Au jardin, un arrosoir de 6 litres constitue un minimum, et sa capacité idéale se situe entre 10 et 13 litres. Pour équilibrer les charges au moment de l'arrosage, n'hésitez pas à empoigner un arrosoir dans chaque main. Vous éviterez ainsi de marcher en crabe. Au grand dam de votre dos !

Les tuyaux d'arrosage ont habituellement un diamètre de 15 ou 19 mm. L'utilisation d'un enrouleur en facilite la manipulation, surtout si leur longueur dépasse 25 m. L'ajout d'une canne d'arrosage permet aussi de gagner en qualité et en confort.

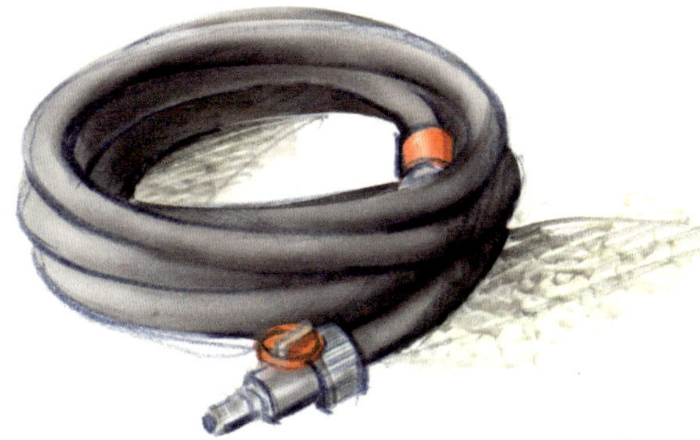

Un tuyau microporeux.

Les arrosages automatiques

Le *nec plus ultra* au jardin, les arrosages automatiques ? Pour votre dos, certainement ! Car, hormis la programmation du système, vous ne faites plus rien.

Plus ou moins complexe selon la configuration du jardin, **un arrosage enterré** est toujours constitué d'un réseau d'alimentation principal (primaire), qui se diversifie en réseaux secondaires, parfois tertiaires. L'ensemble se termine par des goutteurs ou des asperseurs. Les premiers apportent l'eau au goutte-à-goutte, les seconds la diffusent en pluie très fine. Ces derniers sont très souvent enterrés et munis de tuyères escamotables. Ce type d'installation est envisageable pour arroser les pelouses, les massifs ou les jardinières.

L'arrosage automatique enterré.

Faciles à mettre en place, **les tuyaux microporeux** tissés sont destinés à irriguer arbustes, arbres et fleurs. Posés à même le sol, ils fonctionnent même à très basse pression. En humidifiant directement le sol à la hauteur des racines, ils sont en outre particulièrement économes en eau.

Plantez en douceur

Avec les travaux du sol, les activités de plantation sont les plus éprouvantes pour le jardinier. Anticipez donc autant qu'il est possible ces derniers, car s'activer dans l'urgence n'est jamais de tout repos pour votre dos. Vous pouvez ainsi creuser vos trous de plantation plusieurs semaines, et même plusieurs mois, avant la mise en terre proprement dite.

Petit arbre deviendra grand…

Planter des arbres déjà âgés relève d'un mauvais calcul, dans tous les sens du terme : financier et énergétique. Plus onéreux et, du fait de leur poids, de manipulation mal aisée, ils offrent en contrepartie des avantages qui s'avèrent illusoires.

Jeunes arbustes…

Pour les arbustes d'ornement et les arbres en baliveau, les mensurations données concernent leur hauteur et la dimension de leur contenant. Ainsi, une étiquette notée *Forsythia intermedia* 'Lynwood Gold' 60/90 C4 est apposée sur un forsythia de l'espèce et de la variété indiquées, dont la hauteur est comprise entre 60 et 90 cm et qui est cultivé dans un conteneur de 4 litres, c'est-à-dire de 23 cm de diamètre environ.

… et jeunes arbres

Les arbres en tiges vendus en pépinière sont définis par la circonférence de leur tronc mesurée à 1 m du sol. Ainsi, une quetsche d'Alsace 6/8 est un arbre dont la circonférence du tronc à cette hauteur est comprise entre 6 et 8 cm, c'est-à-dire entre 1,5 et 2,5 cm de diamètre.
Ces tailles sont les deux standards référents, et ce sont elles qui doivent être retenues de préférence. Un arbre fruitier ne fructifiera pas plus rapidement si vous plantez ce que les pépiniéristes nomment quelquefois de « vieux rossignols », c'est-à-dire des spécimens hors normes qui se sont trop attardés dans leurs parcelles.

Désherbez en douceur

Si les plantes adventives – ex-« mauvaises herbes » ! – vous causent des sueurs froides, notez qu'il existe quelques techniques douces pour s'en prémunir.

Des désherbants « bio » ?

Tirez tout de suite un trait sur les traditionnels produits chimiques, particulièrement agressifs. En outre, sachez qu'il n'existe pas, à ce jour, de vrais désherbants bio. Sont présentés quelquefois comme « naturels » certains produits contenant de l'acide acétique à 10 % - du vinaigre blanc, en fait - ou de l'acide pélargonique, complété d'hydrazide maléique. Ils soulèvent deux réserves : leur coût élevé... et leur faible efficacité.

Le désherbeur thermique.

Le désherbeur thermique

En revanche, le désherbeur thermique est une alternative convaincante aux éprouvants désherbages manuels à la sarclette. C'est une sorte de brûleur à gaz monté sur canne et alimenté par une petite bouteille butane-propane. Le rayonnement de la flamme atteint 1 800 °C. En effleurant les feuilles des plantes, il fait éclater leurs cellules et provoque ainsi leur dépérissement.
Ce procédé, facile à mettre en œuvre,

demande cependant à être renouvelé régulièrement. La taille du jardin conditionne le type de brûleur à utiliser : une simple canne pour les petits jardins ou un maxi-désherbeur à plusieurs brûleurs et à bouteille de gaz montée sur support à roulettes pour de plus grands espaces à traiter.

Semez pour de faux...

Vieux « truc » de jardinier et facile à adopter, le faux-semis limite l'apparition des diverses plantes adventives. Il consiste à préparer le sol comme pour un semis classique. La différence, c'est que les graines des plantes cultivées ne sont pas semées tout de suite. On attend que lèvent les herbes indésirables, dont on se débarrasse d'un rapide coup de sarclette, avant de semer dans un sol à peu près débarrassé de la « mauvaise graine ». Résultat : vos bonnes graines lèvent sans être incommodées.

Couvertures et paillis

Un sol couvert présente de nombreux avantages, dont le moindre n'est pas d'empêcher l'installation des mauvaises herbes. Une fois la couverture en place, vous voilà tranquille.

D'une pierre, trois coups....

Si le binage, qui suit l'arrosage, optimise les apports d'eau, **les divers *mulch* et paillages fertilisants**, issus du compostage des végétaux, font mieux encore. Ils limitent les besoins en eau et suppriment les adventices. Et en se décomposant, ils nourrissent aussi la terre et lui apportent les éléments minéraux nécessaires à la bonne croissance des plantes. Par ailleurs, dans les sols lourds, ils éviteront le durcissement de la surface et la formation d'une croûte de battance.

Les plantes couvre-sols

Les herbes ne sont vraiment « mauvaises » que par leur taille à terme et leur nombre, car elles entrent alors en concurrence avec les plantes cultivées. Mais le contraire est également vrai. Ainsi, faciliter l'installation des plantes cultivées, « désirables » par définition, vous évitera d'être débordé par les « indésirables ». De nombreuses plantes, dont les divers géraniums vivaces, peuvent être plantées en couvre-sol, évitant ainsi au jardinier d'être submergé par les mauvaises herbes. De même, certains arbustes à fleurs comme les *Hypericum* rampants, la symphorine 'Hancock' ou les divers cultivars de lavandes d'ornement maintiendront votre sol indemne d'adventices sans aucune intervention de votre part.

Des techniques douces contre les ravageurs

Un jardin est un petit univers grouillant de plantes et d'animaux. En permettant à tout ce beau monde de croître et de multiplier, un contrôle spontané des divers parasites et ravageurs se met en général tout naturellement en place. L'idée, c'est de n'intervenir que si cet équilibre paraît menacé.

L'ennui naissant de l'uniformité...

Des plantations diversifiées ont de fortes chances de faire cohabiter des **végétaux qui s'apprécient et s'entraident.** Parmi ces duos classiques, les oignons et les poireaux plantés près des carottes limitent les dégâts de la mouche. Tomates et céleris préservent les choux de la piéride. L'ail limite le développement de la pourriture grise sur les fraisiers. Les tagètes et autres œillets d'Inde, de même que les soucis, éloignent les nématodes (petits vermicules microscopiques qui handicapent la croissance des plantes). Le lin (graines et plantes) présente un certain effet répulsif contre les doryphores des pommes de terre et la bourrache déplaît aux limaces et aux escargots. La sauge et le thym, quant à eux, découragent les pucerons.

Adoptez des habitudes de **jardinier paresseux** qui soulagent à la fois vos reins et plaisent aux coccinelles, perce-oreilles et autres insectes utiles, hivernant dans les touffes d'herbes, les feuilles mortes ou les tiges creuses. Ainsi, maintenez votre jardin en l'état pour l'hiver.

Des gestes simples...

Quelques gestes simples et peu fatigants complètent ces façons de faire, ou plutôt de ne pas faire.

Les pièges englués mettent à profit la grande attractivité visuelle de certaines

Un piège à phéronomes.

couleurs : le jaune surtout, mais aussi le bleu pour les thrips sur plantes fleuries, ou le blanc pour l'hoplocampe du framboisier. Ils présentent une certaine efficacité sur de nombreuses mouches : les blanches (aleurodes) et les autres, celle de la cerise en particulier, responsable du « ver » dans le fruit. D'autres dispositifs de captures plus ou moins spécifiques permettent de limiter les nuisances des guêpes, des limaces, des taupins, des chenilles processionnaires du pin...

Les pièges à phéromones exploitent l'attirance qu'exercent sur les mâles des papillons certaines émanations spécifiques. Ceux-ci, attirés par une capsule saturée de ces substances, sont capturés sur une plaque collante. La fécondation est ainsi empêchée. De nombreux types de phéromones sont aujourd'hui synthétisés et permettent de limiter les nuisances des larves des carpocapses de la pomme, de la poire, de la noix et de la prune, de la tordeuse du pêcher ou de la vigne, de la mineuse du marronnier ou des processionnaires du pin. Dernière venue - les jardiniers l'attendaient avec impatience -, une nouvelle phéromone sert à capturer l'adulte mâle de la teigne du poireau.

Des moyens légers...

Certaines interventions « légères » sont, elles aussi, faciles à adopter. Pourquoi s'en priver ? Les barrières physiques sont les moyens les plus logiques et les plus simples à mettre en place, mais ce ne sont pas toujours celles auxquelles on pense de prime abord. Elles vous éviteront ultérieurement des interventions plus éprouvantes pour votre dos.

En mettant un toit au-dessus de vos tomates, vous limitez l'humidité sur les feuilles et réduisez le développement de certains champignons : le mildiou en particulier, qui est responsable des taches noires sur les feuilles, puis du dépérissement du pied.

Les plantes peuvent être mises à l'abri des mouches et des papillons en les recouvrant d'un **filet anti-insectes**. Cent pour cent polyamide et tissé d'une maille de 850 microns, celui-ci a la légèreté d'une moustiquaire.

Un filet anti-insectes.

Les voiles non tissés sont légers comme du tulle et posés à même les plantes. Les plus fins (17g/m^2) servent plutôt au forçage des plantes au printemps, les plus épais (30 ou 32g/m^2) à leur protection hivernale. Comme les films en polyéthylène perforé qui ne sont pas posés à même la culture, ils préservent des risques météorologiques et limitent le développement de certains parasites.

Ajoutez **des filets de protection contre les oiseaux** : simplement montés en dôme sur les divers arbustes portants les fruits, ils protègent vos récoltes. Évitez les mailles trop fines, dans lesquelles les oiseaux s'emmêleraient les pattes.

Facile à mettre en œuvre, **l'ensachage des fruits** consiste à envelopper le fruit dans une petite housse en papier. Elle met en place un obstacle physique très dissuasif contre les pontes de carpocapses – responsables des « vers » dans les pommes, les poires et les prunes – et les guêpes qui causent des dégâts au moment de la maturité des fruits.

L'ensachage des fruits.

CHAPITRE 8

Douze mois au jardin sans se casser le dos

De décembre à février

Ce sont les mois où le froid dicte sa loi. Mais déjà se profilent les premières joies horticoles : « pas de mois de février sans fleurs d'amandier ».

Au programme

Contrôlez l'état des protections contre le froid. Dans ce domaine, il vaut mieux prévenir que guérir.

Quand le sol est couvert de neige, **nourrissez les oiseaux** qui, le printemps venu, consommeront les chenilles et vous éviteront des traitements contraignants.

C'est le moment d'**arracher les vieux arbres** dont vous souhaitez vous débarrasser : au jardin, le travail ne vous bouscule pas et vous pouvez prendre votre temps.

Mettez aussi à profit les périodes froides pour **épandre fumiers et composts**. Notez qu'une terre gelée facilite considérablement l'opération.

Vérifiez l'outillage et changez les manches abîmés et suspects.

Travaillez le sol, mais raisonnablement et uniquement quand le temps le permet. En l'absence de gelées, anticipez sereinement le travail de plantation du printemps en excavant les trous pour les plantes à venir.

Le poireau est très résistant au froid en hiver.

C'est le moment ou jamais de vous réfugier **à l'intérieur** de la maison. Forcez les amaryllis et autres bulbes de printemps (jacinthes, crocus, narcisses 'Paperwhite'...), et **admirez la floraison** des poinsettias, cyclamens, azalées et orchidées qui, par ailleurs, requièrent un minimum de soins, essentiellement de l'arrosage. Dans ce domaine, les plus sympathiques sont les cactus : vous pouvez arrêter complètement de les arroser.

Quant aux géraniums, lantanas, fuchsias et autres plantes méditerranéennes entreposés **à l'abri**, c'est loin d'être la mer à boire : arrosez-les très légèrement une fois par mois.

Février clôt cette période : le 14 février, c'est le « temps de Saint-Valentin, celui du printemps qui vient ». Improvisez les premiers semis, soit à l'extérieur (laitues), soit à l'abri, en terrine ou plaques alvéolées (tomates, poivrons et piments, aubergines et *Begonia semperflorens*). Mois le plus court, février est aussi le moins courtois. « Février est un enragé », disent les Alsaciens. Pas rancuniers d'ailleurs, ils admettent volontiers que « quand février pleure, c'est avril qui rit ». Au potager, les semis de pleine terre débutent avec les fèves.

En mars et en avril

Les mois de mars et d'avril sont des mois de plantation au jardin, peut-être les plus appréciés du jardinier après le long hiver. Mais ce sont aussi les plus éprouvants du point de vue physique.

Au programme

Vous pouvez **vous avancer dans votre travail**, mais prudemment : « soit au début, soit à la fin, avril montre toujours son venin ». Par mauvais temps, remettez à plus tard les travaux projetés.

La venue progressive du printemps laisse le temps de terminer en douceur **les préparations du sol**. Mais si ces dernières pouvaient être déjà finies, ce serait aussi bien : pour votre dos, il est préférable de ne pas vous activer dans l'urgence pour ces travaux « lourds » à une époque où, par ailleurs, le travail ne manque pas au jardin.

Vous pouvez **poursuivre à l'intérieur vos semis** d'annuelles (pratiquement toutes) ou de légumes repiqués, telles les tomates et les aubergines.

À l'extérieur, c'est la meilleure époque pour **mettre en terre les bulbes** d'ail, d'échalote et d'oignon. Si le terrain est prêt, c'est un jeu d'enfant : il n'y a qu'à piquer les caïeux dans le sol.

Vous pouvez maintenant commencer sérieusement **vos semis de pleine terre au potager** : quelques petits pois (commencez par les pois à grains ronds, avant de passer aux ridés, puis aux mange-tout), quelques graines de radis (les cultivars de printemps), la carotte 'Nantaise' et la carotte grelot, ainsi que les navets de Milan.

Plantez les derniers arbres et arbustes qui n'ont pas pu être plan-

Une fois le sol bien préparé, les jeunes plantules poussent vigoureusement.

tés en automne. C'est aussi la grande période de **la mise en terre des fleurs bisannuelles** : pensées, giroflées, myosotis... Et vous pouvez déjà **diviser** vos fleurs vivaces et vos aromatiques en train de démarrer.

En mai

Mois de l'épanouissement et de la liberté - « En mai, fais ce qu'il te plaît ! » -, c'est aussi le mois de tous les enthousiasmes : « Mai, sans rose, rend l'âme morose. » Seuls les printemps catastrophiques - où le trio de glace, Pancrace, Servais et Mamert, s'impose - attristent

Travaillez à votre rythme

En mars et en avril, vous pouvez tranquillement poursuivre les travaux pour lesquels vous avez pris du retard. Mais évitez d'anticiper ceux du mois suivant.

les jardiniers. Période qui sépare la nouvelle lune d'avril et celle de mai, la lune rousse fait également quelquefois des siennes.

Au programme

Mai reste un grand mois de **semis**. En particulier ceux que, pour des raisons d'emploi du temps, vous n'avez pas pu faire le mois dernier.

Vous devez déjà **éclaircir les légumes** de pleine terre semés les mois précédents et maintenant bien démarrés, carottes et panais en particulier.

De fait, **tout se sème ou se repique** en mai. Pour les courges et certains haricots, attendez la fin du mois, car ce sont de grands frileux.

C'est le mois **des plantations** de tomates, d'aubergines et de poivrons. Toutes les plantes qui, pour bien démarrer, requièrent une certaine chaleur comme les annuelles, se plantent en mai.

Binage et désherbage sont déjà de saison. Ne vous laissez pas envahir par les adventices. Pris à temps, votre dos vous remerciera plus tard. **L'arrosage** vous sollicite maintenant de façon permanente.

De juin à août

La vie entière se déroule au jardin et vous pourriez presque oublier qu'une maison vous est nécessaire. Cent petites interventions rythment la journée. Au potager, les semis de deuxième saison, comme ceux des diverses chicorées italiennes ou du pourpier d'été, vous éviteront de perdre la main. Quant aux récoltes, elles commencent à se faire pléthoriques. De nombreux petits travaux se succèdent, mais ils sont peu fatigants.

Au programme

En été, **le suivi de la culture** des végétaux plantés au printemps est essentiel : arrosage, sarclage... **Le soleil**, que l'on a attendu pendant des mois,

Chaleur et eau : voilà de quoi satisfaire vos haricots.

s'emballe maintenant. Ombrez vos semis quand dardent ses rayons. Les besoins en eau se font impérieux. Afin de prévenir les évaporations d'eau, pailler vous épargnera bien des allers et retours avec vos arrosoirs à bout de bras.

Ne vous laissez pas déborder par la croissance de **votre gazon** et tondez-le régulièrement, mais jamais à ras. En cas de sécheresse, limitez les passages de la tondeuse : paradoxalement, c'est pendant les périodes caniculaires que la pelouse apprécie le moins les coupes rases.

Désherbez au plus tôt

Surveillez les adventices. Il est plus facile de se débarrasser de la « mauvaise herbe » encore jeune, que de celle qui a déjà pris ses aises.

En septembre

« Transpirer en septembre et se reposer en décembre », vous assèneront les « pros » du jardin. Activez-vous ! Les dernières floraisons s'attardent et, le 8, « à la bonne Dame de septembre, tout fruit est bon à prendre ». Mais les merveilleux jours de ce mois sont aussi source de spleen : tout est fini. Mais déjà tout recommence...

Une belle récolte vous fera oublier tous les travaux en amont.

Au programme

Les récoltes battent leur plein, les mises en conserves aussi : ce sont des travaux prenants, mais pas fatigants. Une fois les annuelles défleuries, **plantez vos bisannuelles** semées en juin : les frimas de l'automne les incommodent peu. Certes, septembre introduit l'automne et prépare déjà l'hiver... Cependant, attendez les premières pluies pour **mettre en terre les bulbes** à floraison printanière. La terre assouplie se travaille alors plus facilement.

Créer une nouvelle **pelouse** relève d'un travail colossal ! Pourquoi ne pas se contenter de rapiécer les parties de gazon abîmées ? C'est maintenant qu'il faut le faire. Si vous souhaitez refaire votre gazon de fond en comble, commencez à préparer le terrain. Vous aurez jusqu'au printemps prochain pour fignoler sa préparation avant le semis.

Faites **les premières plantations d'arbustes**, celles des persistants en

Préparez les plantations d'automne
Autant que possible, anticipez vos plantations des mois prochains en ouvrant des trous destinés à recevoir les nouvelles plantes.

particulier. La terre est déjà humectée par les premières pluies d'automne. Cependant, la douceur des températures incite encore à descendre au jardin.

En octobre et en novembre

Les premiers givres ébouriffent maintenant les moineaux. Les arbres et les arbustes perdent leurs feuilles et se garnissent, au petit matin, de toiles d'araignées blanches de givre qu'illumine encore le soleil. Le jardinier apprécie ces frimas. Même les vitres zébrées de gouttes de pluie froide et les premières gelées lui font se frotter les mains : « Octobre glacé fait vermine trépasser. » D'ailleurs, ces mois de glèbe noire et luisante introduisent décembre, chaussé de blanc. Avec les ultimes cueill ettes et les dernières mises en réserve des récoltes – cave, silo, congélation, bocaux –, voici venue l'heure des bilans.

Au programme

Protégez du gel et de l'humidité les plantes frileuses de pleine terre, comme les herbes de la pampa (*Gynerium argenteum*) et les rosiers, avec un matelas de feuilles, des manchons de paille ou des voiles d'hivernage. Faites de même pour la plupart des plantes élevées en pot. Battez le rappel de vos amis les plus costauds pour mettre à l'abri les plus gélives d'entre elles.

Si « octobre, le vaillant, surmène le paysan », le jardinier, quant à lui, est moins sollicité. Commencez tout doucement **les fumures d'automne** sur les parcelles libérées. Celles-ci, maintenant vides, peuvent être très grossièrement aérées. Utilisez une aérabèche. C'est l'époque idoine pour chauler les sols trop acides.

Plantez tous les arbres et arbustes bien rustiques : c'est le meilleur moment. Choisissez de préférence une belle journée ensoleillée, pas trop sèche, ni trop humide.

Si, pour des problèmes de « timing », vous avez décidé de remettre les plantations au printemps prochain, rien ne vous empêche, une fois de plus, d'anticiper le travail en creusant les trous de plantation destinés à recevoir ces plantes.

Index

Crédits photographiques

Rustica
pp. 20, 75 ; **F. Boucourt :** pp. 40 (Potager de Madame Bertin), 58 ;
E. Brenckle : pp. 6 (Le Bois Pinard/Marie Marcat), 8, 37 (Jardin de Valenciennes),
41 (Le Bois Pinard/Marie Marcat), 76 (Saint-Jean-de-Beauregard) ;
C. Hochet : pp. 39, 42, 46 ; **J. Lebret :** pp. 12, 49, 72 (Le Clos du Coudray) ;
F. Marre : pp. 34, 50 (Le Bois Pinard/Marie Marcat),
70 (Jardin Delange/Marie Marcat), 74 (Les compagnons des saisons) ;
A. Petzold : pp. 31 (École du Breuil), 36 (Jardin du Feyel) ; **P. Sanchez :** p. 28.

Illustrations
Iwona Seris.

Direction éditoriale : Élisabeth Pegeon.

Direction artistique et conception graphique : Laurent Quellet.
Mise en pages : Les PAOistes.

Suivi éditorial : Odile Raoul.
Suivi de fabrication : Aurélie Lacombe.

Photogravure : Les PAOistes.

N° d'édition : 49604
F12007

Achevé d'imprimer en février 2012 par l'Imprimerie moderne de l'Est en France.

Ce livre a été imprimé avec des encres végétales suivant des procédés préservant l'environnement et sur du papier garantissant une gestion saine et raisonnée des ressources forestières de la planète.